ORATHAY SOUKSISAVANH
FOTOS VON CHARLOTTE LASCÈVE

# SUPER EINFACH

## KOCHEN MIT 5 - 6 ZUTATEN

# CURRYS



Librero

# Inhalt

## FLEISCHCURRY



## CURRY MIT MEERESFRÜCHTEN



## VEGETARISCHE CURRYS

## PASTA UND REIS



## SUPPEN



## GOURMET-CURRY

# Die verschiedenen Currys

## GRÜNE THAI-CURRYPASTE

- ☐ **Zusammensetzung:** Knoblauch, Schalotte, Zitronengras, Galgantwurzel, Limettenblätter, Korianderkörner, Kreuzkümmel und im Mörser gemahlener, frischer grüner Chili.
- ☐ **Stärke:** stark, sparsam verwenden.
- ☐ **Produktinformation:** Wird in asiatischen Lebensmittelgeschäften in Kunststoffdosen oder vakuumiert im Beutel oder in Gläsern in großen Geschäften verkauft. Gut verpackt im Kühlschrank bis zu einem Jahr haltbar.
- ☐ **In der Küche:** mit einem Schuss Öl aktivieren, damit das Gericht seine Aromen freisetzt, dann Kokosmilch, Sahne oder Brühe hinzugeben, oder direkt in Kokosmilch einrühren.

## ROTE THAI-CURRYPASTE

- ☐ **Zusammensetzung:** Knoblauch, Schalotte, Zitronengras, Galgantwurzel, Limettenblätter, Korianderkörner, Kreuzkümmel und im Mörser gemahlener, getrockneter roter Chili.
- ☐ **Stärke:** stark, sparsam verwenden.
- ☐ **Produktinformation:** Wird in asiatischen Lebensmittelgeschäften in Kunststoffdosen oder vakuumiert im Beutel oder in Gläsern in großen Geschäften verkauft. Gut verpackt im Kühlschrank bis zu einem Jahr haltbar.
- ☐ **In der Küche:** mit einem Schuss Öl aktivieren, damit seine Aromen freigesetzt werden, dann Kokosmilch, Sahne oder Brühe hinzugeben oder direkt in Kokosmilch einrühren.

## CURRYPULVER

- ☐ **Zusammensetzung:** Das bekannteste und am meisten verbreitete Currypulver ist Curry aus Madras, das sich im Wesentlichen aus rotem Chili, Kurkuma, Paprika, Korianderkörnern, Kümmel, Senfkörnern, Ingwerpulver und getrockneten Currybaumblättern zusammensetzt. Es gibt keine feste Zutatenliste, die Zusammenstellung kann sich also von einem zum anderen Curry leicht unterscheiden.
- ☐ **Stärke:** drei Varianten: mild, mittel (die gebräuchlichste) und scharf.
- ☐ **Produktinformation:** Es handelt sich um eine Mischung aus mehreren Gewürzen, reduziert auf Pulverform. Das Wort „Curry" stammt von dem Wort „Tamoul Kari" ab, was so viel wie „Ragout" oder „Saucenteller" bedeutet.
- ☐ **In der Küche:** ideal in Fett gelöst, wodurch seine Aromen freigesetzt werden.

## GARAM MASALA

- ☐ **Zusammensetzung:** Mischung aus gerösteten Gewürzen, reduziert zum Pulver. Setzt sich im Wesentlichen aus Zimt, Korianderkörnern, Kümmel, Bockshornkleekörnern, Senfkörnern, Gewürznelken und Muskatnuss in Pulverform zusammen.
- ☐ **Stärke:** mild.
- ☐ **Produktinformation:** Stammt ursprünglich aus Kaschmir. In Indien bereitet jede Familie ihre eigene Mischung zu und es gibt unzählige Familienrezepte!
- ☐ **In der Küche:** Bei langen Garzeiten verliert es die Subtilität seiner Aromen. Es empfiehlt sich deshalb, es erst zum Schluss hinzuzugeben.

## TANDOORI (PULVER)

- ☐ **Zusammensetzung:** Mischung aus Gewürzen, reduziert zum Pulver. Die Basis ist ein Garam Masala mit etwas mehr Paprika, scharfem Chili, getrocknetem Knoblauch und rotem Farbstoff.
- ☐ **Stärke:** mild.
- ☐ **Produktinformation:** Masala bedeutet „Mischung" und „Tandoor" ist ein Ofen aus Ton. Diese Gewürzmischung stammt aus Nordindien.
- ☐ **In der Küche:** Häufig rührt man dieses Pulver in Joghurt, um Fleisch zu marinieren, das man dann in einem Tandoor gart. Die Marinade hat sich zur Sauce weiterentwickelt und man verwendet sie auch für Fisch oder Garnelen.

## COLOMBO

- ☐ **Zusammensetzung:** Kurkuma, Korianderkörner, Senfkörner, Pfefferkörner, Thymian, Lorbeer, Blätter vom Nelkenpfeffer und Quatre-Épices.
- ☐ **Stärke:** mild.
- ☐ **Produktinformation:** Verwandter des Currypulvers von den Antillen.
- ☐ **In der Küche:** Verträgt sich besonders gut mit weißem Fleisch und großen Fischen (Schwertfisch, Marlin, Hai, Thunfisch).

### ANMERKUNG

Alle Currys (Pulver und Pasten) haben einen unterschiedlichen Geschmack, abhängig von ihrer Marke und ihrer Herkunft, da es keine festen Rezepte gibt. Die Pulver verlieren mit der Zeit ihre Stärke und ihre Aromen. Niedrig dosieren, probieren, gegebenenfalls nachwürzen.

STAUB

1

# Hähnchencurry mit Basilikum

**In 5 Minuten vorbereitet**

**6 Minuten Kochzeit**

**Für 4 Personen**

Hähnchenbrust
500 g

Bambussprossen
400 g

Kokosmilch
500 ml

rote Thai-Currypaste
1 Esslöffel

Thai-Basilikum
½ Bund

Zucker
1 Esslöffel

- Die Hähnchenbrust in Stücke schneiden. Die Bambussprossen abgießen. Wasser zum Kochen bringen, über die Bambussprossen gießen, 1 Minute quellen lassen, dann abgießen.
- Die Currypaste mit der Kokosmilch verrühren. Je einen Teelöffel Salz und Zucker hinzugeben, dann zum Kochen bringen. Die Bambussprossen und die Hähnchenbrust hinzufügen. 6 Minuten zugedeckt garen lassen. Den Gargrad der Hähnchenbrust prüfen.
- Von der Herdplatte nehmen, das Basilikum hinzufügen. Mit Thai-Reis servieren.

# Hähnchen Tikka Masala mit Cashewnüssen

In 10 Minuten vorbereitet

15 Minuten Kochzeit

Für 4 Personen

Hähnchenbrust
500 g

große Zwiebel
× 1

Tandooripulver
2 Esslöffel

griechischer Joghurt
× 2

Koriander
½ Bund

Cashewnüsse
60 g

- Die Hähnchenbrust in Stücke schneiden. Die Zwiebel schälen und in feine Scheiben schneiden. Den Joghurt mit dem Tandooripulver und ½ Teelöffel Salz verrühren. Über das Hähnchen gießen, mindestens 20 Minuten einziehen lassen.
- Öl im Schmortopf erhitzen und die Zwiebel 5 Minuten anschwitzen. Das Hähnchen hinzugeben und bei mittlerer Hitze für 10 Minuten garen. Probieren und nach Geschmack würzen.
- Von der Herdplatte nehmen, den gehackten Koriander und die ganzen Cashewnüsse hinzugeben. Mit Basmati-Reis servieren.

3

# Rotes Hähnchencurry

Hähnchenbrust
400 g

Aubergine
× 1

kleine Zucchini
× 2

rote Paprika
× 1

Kokosmilch
500 ml

rote Thai-Currypaste
1 Esslöffel

**In 10 Minuten vorbereitet**

**12 Minuten Kochzeit**

**Für 6 Personen**

- Das Gemüse und das Hähnchen in gleich große Stücke schneiden. Die Currypaste mit der Kokosmilch verrühren. 1 Teelöffel Salz hinzugeben.

- Die Auberginen- und Zucchinistücke auf den Boden eines Topfs legen. Das Hähnchen und die Paprika hinzufügen. Abdecken und 12 Minuten ziehen lassen. Mischen, den Gargrad der Zutaten prüfen und würzen. Zur Abrundung des Geschmacks kann 1 Esslöffel Zucker hinzugefügt werden. Mit Thai-Reis servieren.

# Grünes Hähnchencurry

In 5 Minuten vorbereitet

10 Minuten Kochzeit

Für 4 Personen

Hähnchenbrust
400 g

Tiefkühl-Erbsen
500 g

Kokosmilch
500 ml

grüne Thai-Currypaste
1 Esslöffel

Zitrone
× 1

Zucker
1 Esslöffel

- Die Currypaste mit der Kokosmilch in einem Topf verrühren. Je einen Teelöffel Salz und Zucker hinzugeben und zum Kochen bringen.
- Das Hähnchen hinzugeben und weitere 5 Minuten garen. Die noch gefrorenen Erbsen hinzufügen und 2-3 Minuten ziehen lassen. Vermischen, den Gargrad der Zutaten prüfen, probieren und abschmecken.
- Zesten von der Zitrone schaben und beim Servieren auf das Gericht legen.

5

# Hähnchen à la Crème

**In 10 Minuten vorbereitet**

**40 Minuten Kochzeit**

**Für 4 Personen**

Hähnchenschenkel
× 4

große Zwiebeln
× 2

Currypulver
2 Esslöffel

Crème fraîche
500 ml

Pflanzenöl
2 Esslöffel

- Die Hähnchenschenkel halbieren. Mit Salz und dem Curry würzen. Die Zwiebeln schälen und in feine Scheiben schneiden.
- Öl in einem Topf erhitzen und die Schenkel von jeder Seite goldgelb darin anbraten. Die Zwiebeln hinzufügen, die Hitze verringern und 5 Minuten anschwitzen lassen. 100 ml Wasser darauf gießen und zugedeckt 20 Minuten garen.
- Die Crème fraîche hinzugeben und weitere 15 Minuten garen. Den Gargrad prüfen und nach Geschmack würzen. Mit Reis oder Pasta servieren.

# Hähnchen-Mafé

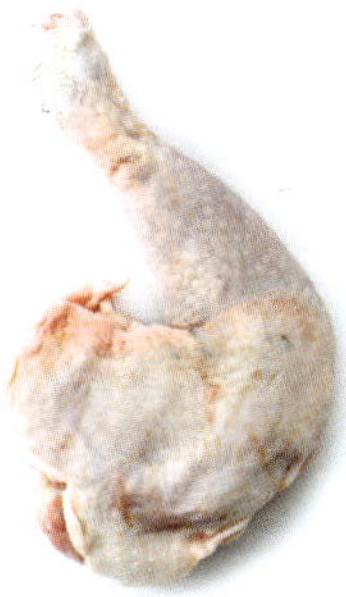

Hähnchenschenkel
× 4

große Zwiebeln
× 2

Erdnussbutter
120 g

Tomatenmark
50 g

kleine Auberginen
× 2

große grüne Peperoni
× 3

**In 15 Minuten vorbereitet**

**1 Stunde Kochzeit**

**Für 4 Personen**

- Die Zwiebeln schneiden. Die Auberginen würfeln, salzen und 20 Minuten entwässern lassen. Die Schenkel halbieren, einritzen und in einem Topf mit einem Schuss Öl goldgelb anbraten. Die Zwiebeln hinzufügen und 5 Minuten garen.
- Die Erdnussbutter in 800 ml warmem Wasser verrühren. In den Topf gießen, das Mark und die fein geschnittenen Peperoni hinzufügen. Salzen und 40 Minuten ziehen lassen. Umrühren.
- Die Auberginen trocknen, anbraten, im Topf 15 Minuten garen.

# Rindercurry mit Zitronengras

Niederrippe
900 g

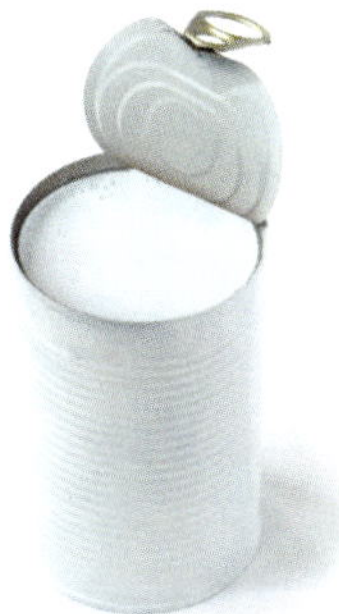

Kokosmilch
300 ml

Zitronengras
6 Stangen

rote Thai-Currypaste
1 Esslöffel

rote Paprika
× 1

Zucker
2 gestrichene Esslöffel

**In 10 Minuten vorbereitet**

**1 Stunde Kochzeit**

**Für 4 Personen**

- Das Fleisch in dicke Streifen schneiden. Das Zitronengras diagonal in schräge Streifen und die Paprika in feine Scheiben schneiden.
- Die Currypaste 2 Minuten in 2 Esslöffeln Sonnenblumenöl geben. Das Fleisch, den Zucker, 1 Teelöffel Salz, das Zitronengras und 200 ml Wasser hinzufügen. Zudecken und 45 Minuten bei schwacher Hitze ziehen lassen. Den Gargrad prüfen – das Fleisch sollte langsam weich werden.
- Die Kokosmilch und die Paprika dazu geben und weitere 15 Minuten garen. Probieren und abschmecken.

# Curry mit Rinderhack

**In 5 Minuten vorbereitet**

**20 Minuten Kochzeit**

**Für 6 Personen**

mageres Rinderhack
250 g

Tomatenpüree
250 g

Tiefkühl-Erbsen
125 g

kleine Zwiebel
× 1

Garam Masala
1 gehäufter Esslöffel

verrührter Joghurt
× ½

- Die Zwiebel schälen und klein schneiden. In 4 Esslöffeln Sonnenblumenöl garen lassen. Das Rindfleisch, das Garam Masala und 1/2 Teelöffel Salz hinzufügen. Gut umrühren.
- Die Tomaten hinzugeben und 15 Minuten bei schwacher Hitze ziehen lassen. Die noch gefrorenen Erbsen hinzufügen und 5 bis 8 Minuten ziehen lassen.
- Den Joghurt dazugeben. Mischen, probieren und nach Geschmack würzen. Mit Basmati-Reis oder Naan-Brot servieren.

9

# Japanisches Curry

Rindfleisch von der Oberschale 1 kg

große Zwiebeln × 2

Butter 40 g

Mehl 30 g

Currypulver 1 gehäufter Esslöffel

Ketchup 2 Esslöffel

**In 5 Minuten vorbereitet**

**1 Stunde Kochzeit**

**Für 4 Personen**

- Die Zwiebeln schälen und in feine Scheiben schneiden. Die Fleischstücke in einem Topf mit einem Schuss Sonnenblumenöl anbraten. Die Zwiebeln hinzugeben, salzen und 5 Minuten anschwitzen lassen. 1 l Wasser hinzufügen und 1 Stunde köcheln lassen, öfters umrühren.
- Die Butter in einem Topf schmelzen, Mehl und Curry hinzugeben und 1 Minute unter Rühren köcheln lassen. Die entstandene Mehlschwitze mit der Brühe verrühren und dann in den Topf geben. Ketchup hinzugeben, mischen und weitere 10 Minuten garen.

# Massaman-Curry mit Schwein

**In 15 Minuten vorbereitet**

**1 Stunde und 10 Minuten Kochzeit**

**Für 6 Personen**

Schweinegulasch
1 kg

Kartoffeln Roseval
600 g

Kokosmilch
500 ml

rote Thai-Currypaste
1 Esslöffel

Erdnussbutter
100 g

geröstete Erdnüsse
30 g

- Das Fleisch in 5 Esslöffeln Sonnenblumenöl anbraten.
- Die Erdnussbutter in 200 ml warmem Wasser verrühren. Über das Fleisch gießen. Die Currypaste hinzugeben, 1 Esslöffel Salz und Kokosmilch hinzufügen. Bei geringer Hitze 40 Minuten garen.
- Die Kartoffeln schälen und in 4 oder 6 Stücke schneiden. Die Paste hinzugeben, mischen und weitere 25 -30 Minuten garen.
- Probieren und abschmecken. Die Erdnüsse darüberstreuen.

# Colombo mit Schwein

**In 10 Minuten vorbereitet**

**55 Minuten Kochzeit**

**Für 4 Personen**

Schweinegulasch
800 g

Frühlingszwiebeln
× 8

Zucchini
× 2

Tomaten
500 g

Knoblauch
6 Zehen

Colombo-Pulver
1 gehäufter Esslöffel

- Weiß und Grün der Frühlingszwiebeln separat in Scheiben schneiden. Tomaten und Zucchini halbieren und in Scheiben schneiden. Knoblauch schälen und pressen.
- Das Fleisch salzen, dann in 2 Esslöffeln heißem Sonnenblumenöl anbraten. Das Weiß der Zwiebeln, die Tomaten, das Colombo-Pulver und den Knoblauch hinzugeben. 250 ml Wasser daraufgießen. Zudecken und 50 Minuten köcheln lassen.
- Die Zucchini hinzufügen und 5 Minuten garen lassen. Mit Grün der Zwiebeln garnieren.

# Entencurry mit Lychees

Enten-Confit
× 4 Schenkel

Lychees in Sirup
× 1 Dose

Kokosmilch
400 ml

rote Thai-Currypaste
1 gestrichener Esslöffel

Zucker
1 gestrichener Esslöffel

Thai-Basilikum
½ Bund

**In 5 Minuten vorbereitet**

**20 Minuten Kochzeit**

**Für 4 Personen**

- Die Entenschenkel unter dem Grill im Ofen ca. 8 Minuten goldgelb werden lassen.
- In einem Topf die Currypaste mit der Kokosmilch, dem Zucker und 1 Teelöffel Salz verrühren. Bei kleiner Hitze auf die Herdplatte stellen. Die Entenschenkel hinzugeben und 10 Minuten garen.
- Von der Platte nehmen, die abgegossenen Lychees und die Basilikumblätter hinzufügen. Mit Thai-Reis servieren.

# Entencurry mit Ananas

Entenbrust
× 2

kleine Ananas
× 1

Kirschtomaten
× 12

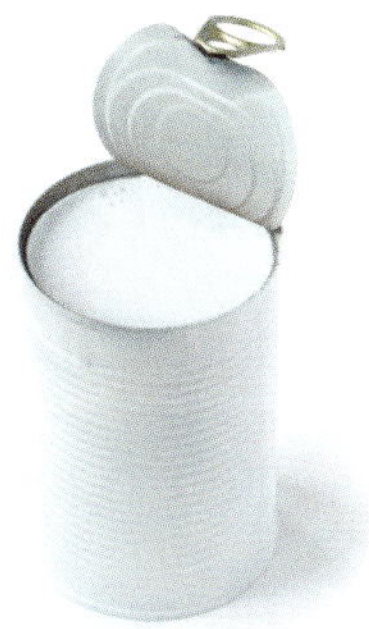

Kokosmilch
500 ml

rote Thai-Currypaste
1 gehäufter Esslöffel

Thai-Basilikum
½ Bund

**In 15 Minuten vorbereitet**

**10 Minuten Kochzeit**

**Für 4 Personen**

- Die Haut von der Entenbrust entfernen, Entenbrust in Stücke schneiden. Die Ananas vierteln und in gleich große Stücke schneiden. Die Kirschtomaten halbieren.
- Die rote Currypaste mit der Kokosmilch und 1 Teelöffel Salz mischen. Aufkochen. Die Kirschtomaten und die Ente hinzufügen. Nicht länger als 5 Minuten garen; die Ente muss leicht rosa bleiben. Zur Abrundung des Geschmacks können 2 Esslöffel Zucker hinzugefügt werden.
- Von der Herdplatte nehmen, Ananas und Basilikum hinzufügen. Mit Thai-Reis servieren.

# Lammcurry mit Trockenfrüchten

Schulter oder Gulasch vom Lamm 1,5 kg

große Zwiebeln × 2

ungezuckerte Dosenmilch × 1 mittlere Dose

Currypulver 2 Esslöffel

Rosinen 100 g

geschälte Mandeln 40 g

**In 15 Minuten vorbereitet**

**1 Stunde und 20 Minuten Kochzeit**

**Für 6 Personen**

- Den Ofen auf 200 °C vorheizen. Zwiebeln in Scheiben schneiden. Das Fleisch in Stücke schneiden. Mandeln in einer Pfanne ohne Öl rösten.
- Die Lammfleischstücke in 5 Esslöffeln Sonnenblumenöl anbraten. Die Zwiebeln, das Currypulver und 1 Teelöffel Salz hinzufügen. Mit Wasser bedecken, zum Kochen bringen, dann zudecken und für 50 Minuten in den Ofen stellen.
- Dosenmilch und Rosinen dazugeben. 20 Minuten weitergaren lassen. Würzen und mit gerösteten Mandeln bestreuen.

15

# Lamm mit Salzzitronen

**In 15 Minuten vorbereitet**

**1 Stunde und 10 Minuten Kochzeit**

**Für 6 Personen**

Lammgulasch
1,5 kg

Karotten
× 7

große Zwiebeln
× 3

Ingwer
100 g

kleine Salzzitronen
× 6

Kurkumapulver
2 Esslöffel

- Zwiebeln und Ingwer schälen und scheibeln. Die Fleischstücke in 1 Teelöffel Salz und dem Kurkumapulver wälzen. Karotten stifteln. Zitronen halbieren. Ofen auf 200 °C vorheizen.
- Das Lamm in 5 Esslöffeln Sonnenblumenöl goldgelb anbraten. Die Zwiebeln und den Ingwer hinzufügen, salzen und 5 Minuten anschwitzen lassen. Mit Wasser bedecken, die Zitronen hinzufügen und zum Kochen bringen. Zudecken und 40 Minuten in den Ofen stellen. Die Karotten hinzufügen und weitere 30 Minuten in den Ofen geben.

16

# Frikassee sehr fein

Kalbsgulasch
1,5 kg

Crème fraîche
400 ml

große Zwiebeln
× 2

getrocknete Pilze
50 g

Currypulver
2 Esslöffel

trockener Weißwein
200 ml

**In 15 Minuten vorbereitet**

**1 Stunde und 15 Minuten Kochzeit**

**Für 6 Personen**

- Die Pilze 1 Stunde in Wasser einweichen. Beim Abgießen das Einweichwasser auffangen. Die Zwiebeln schneiden. Den Ofen auf 200 °C vorheizen.
- Das Fleisch in Stücke und in Sonnenblumenöl anbraten. Mit Weißwein ablöschen und reduzieren lassen.
- Die Zwiebeln, das Currypulver, 1 Teelöffel Salz, die Pilze hinzugeben und mit dem Einweichwasser bedecken. Zum Kochen bringen und 1 Stunde zugedeckt in den Ofen geben. Die Creme fraîche hinzugeben und bei mittlerer Hitze 15 Minuten garen lassen.

STAUB
STAUB

17

# Rougail mit Wurst

gekochte geräucherte Wurst × 4

Tomatenpüree
400 g

große Zwiebel
× 1

Ingwer
80 g

Knoblauch
× 4 Zehen

Kurkumapulver
1 gehäufter Esslöffel

**In 10 Minuten vorbereitet**

**25 Minuten Kochzeit**

**Für 6 Personen**

- ○ Die Zwiebel schälen und in feine Scheiben schneiden. Den Ingwer schälen und in kleine Würfel schneiden. Den Knoblauch schälen und pressen.
- ○ Die Wurst in dicke Scheiben (8 mm) schneiden. In 1 Esslöffel Sonnenblumenöl anbraten. Die Zwiebel, den Ingwer und das Kurkumapulver hinzufügen. 5 Minuten garen lassen, dann die Tomaten und den Knoblauch dazugeben. Leicht salzen. Zudecken und 15 Minuten bei schwacher Hitze köcheln lassen. Von Zeit zu Zeit umrühren und nach Bedarf salzen.

18

# Weiße Bohnen mit Chorizo

weiße Tiefkühl-Bohnen
600 g

Chorizo
200 g

Tomatenpüree
400 g

große Zwiebeln
× 2

Currypulver
1 Esslöffel

Sonnenblumenöl
2 Esslöffel

**In 5 Minuten vorbereitet**

**55 Minuten Kochzeit**

**Für 6 Personen**

- Die Zwiebeln schälen und in feine Scheiben schneiden. Die Chorizo in Scheiben schneiden. 5 Minuten mit den Zwiebeln in Öl anbraten.

- Curry, Tomaten und die noch gefrorenen weißen Bohnen hinzufügen. Wasser hinzufügen (ca. 500 ml). Halb zudecken und 50 Minuten bei schwacher Hitze köcheln lassen. Ab und zu umrühren. Salzen und fertig garen. Den Gargrad prüfen und abschmecken.

# Currywurst

In 5 Minuten vorbereitet

15 Minuten Kochzeit

Für 4 Personen

Wiener Würstchen
× 6

Tomatenpüree
300 g

kleine Zwiebel
× 1

Currypulver
2 Esslöffel

Zucker
1 gehäufter Esslöffel

Apfelweinessig
5 Esslöffel

- Die Zwiebel schälen und klein schneiden. In 2 Esslöffeln Sonnenblumenöl anschwitzen. Das Currypulver, den Zucker, die Tomaten, den Essig und einen Teelöffel Salz dazugeben. 10 Minuten bei schwacher Hitze köcheln lassen.
- Die Würstchen in Scheiben schneiden und mit 1 Esslöffel Sonnenblumenöl in der Pfanne anbraten.
- Die Sauce probieren und nach Geschmack würzen. Die Sauce gegebenenfalls mixen. Die Würstchen hineingeben, mischen. Mit etwas Currypulver bestreut servieren.

20

# Rotes Curry mit Garnelen

Tiefkühl-Garnelen
500 g

Kirschtomaten
250 g

grüne Bohnen
300 g

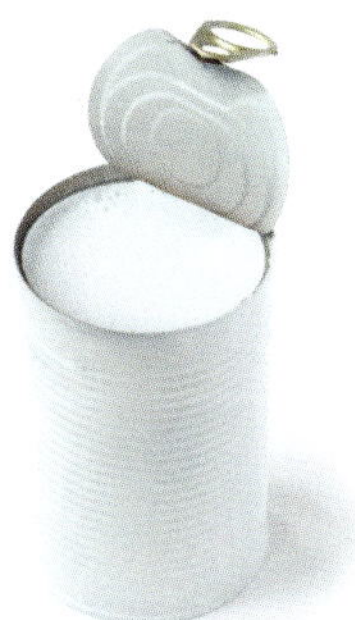

Kokosmilch
500 ml

rote Thai-Currypaste
1 Esslöffel

Zucker
1 gestrichener Esslöffel

**In 15 Minuten vorbereitet**

**10 Minuten Kochzeit**

**Für 4 Personen**

- Die Garnelen auftauen, schälen, den Rücken spalten, um den Darm zu entfernen. Die Kirschtomaten halbieren und die grünen Bohnen entstielen. Falls sie zu lang sind, halbieren.
- Die Currypaste in einem Topf mit der Kokosmilch verrühren. 1 Teelöffel Salz, den Zucker, die Kirschtomaten und die Bohnen dazugeben. Zudecken und 5 Minuten ziehen lassen. Die Garnelen hineingeben und weitere 5 Minuten zugedeckt garen.
- Den Gargrad prüfen und nach Geschmack würzen. Zesten von einer Zitrone hinzufügen.

# Curry mit Garnelen und Mango

**In 15 Minuten vorbereitet**

**5 Minuten Kochzeit**

**Für 4 Personen**

Tiefkühl-Garnelen
500 g

nicht zu reife Mango
× 1

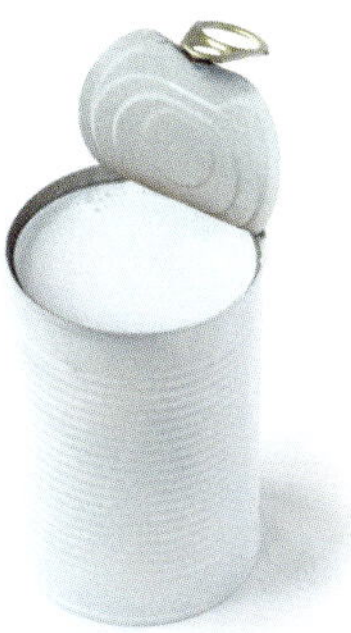

Kokosmilch
500 ml

grüne Thai-Currypaste
1 Esslöffel

Zucker
1 gestrichener Esslöffel

Limette
× 1

- Die Garnelen auftauen, schälen, den Rücken spalten, um den Darm zu entfernen. Die Mango schälen und in gleich große Stücke schneiden. Zesten von der Limette schaben und die Limette dann pressen.
- Die Currypaste in einem Topf mit der Kokosmilch verrühren. 1 Teelöffel Salz, den Zucker und die Garnelen hinzugeben. Zudecken, 5 Minuten ziehen lassen, dann die Mango hineingeben.
- Mit den Zesten und etwas Limettensaft servieren. Mit Thai-Reis, Grieß oder Quinoa und frischem Koriander servieren.

# Curry mit Seeteufel und Zitronengras

**In 5 Minuten vorbereitet**

**15 Minuten Kochzeit**

**Für 4 Personen**

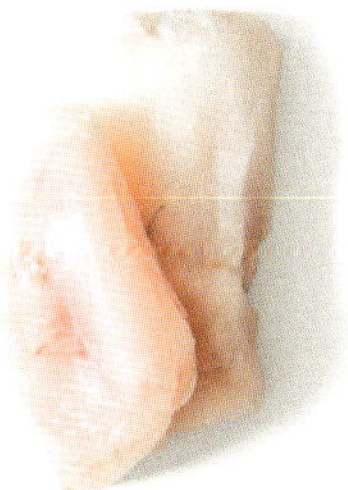

Seeteufel
800 g

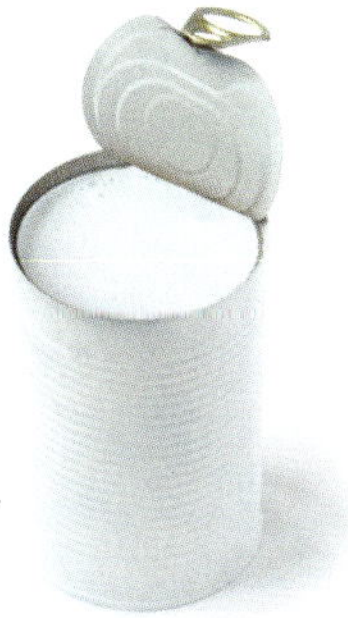

Kokosmilch
500 ml

Zitronengras
5 Stangen

grüne Thai-Currypaste
1 Esslöffel

Basilikum
½ Bund

Zucker
1 gestrichener Esslöffel

- Den Seeteufel in Stücke schneiden. Das Zitronengras in schräge Streifen schneiden.
- Die Currypaste in der Kokosmilch in einem Topf verrühren. 1 Teelöffel Salz, den Zucker und das Zitronengras hinzugeben und 5 Minuten garen.
- Den Seeteufel hinzugeben, weitere 10 bis 12 Minuten garen, abhängig von der Größe der Stücke. Den Gargrad prüfen und abschmecken.
- Basilikumblätter hinzufügen. Mit Thai-Reis oder Grieß servieren.

# Curry mit Dorsch und Kohl

In 10 Minuten vorbereitet

25 Minuten Kochzeit

Für 6 Personen

gewässerter Dorsch
500 g

Spitzkohl
× 1

Kichererbsen aus der Dose
400 g

Zwiebel
× 1

ungezuckerte Dosenmilch
× 1 mittlere Dose

Currypulver
2 Esslöffel

- Die Zwiebel schälen und in feine Scheiben schneiden. Den Kohl waschen und in feine Scheiben schneiden. Den Dorsch in Stücke schneiden. Die Kichererbsen abgießen und spülen.
- Die Zwiebel mit dem Curry in einem Schuss Sonnenblumenöl anschwitzen. Den Kohl hinzufügen und 10 Minuten bei schwacher Hitze und regelmäßigem Umrühren ziehen lassen.
- Die Dosenmilch, die Kichererbsen und den Dorsch dazugeben. Zugedeckt 10 Minuten bei mittlerer Hitze weitergaren lassen. Probieren, nach Bedarf salzen. Mit Kartoffeln oder Püree servieren.

# Räuchermakrele mit Dill

Kartoffeln
1 kg

Sahne
400 ml

geräucherte Makrele
200 g

rote Zwiebel
× 1

Dill
1 Bund

Currypulver
2 gestrichene Esslöffel

**In 15 Minuten vorbereitet**

**25 Minuten Kochzeit**

**Für 6 Personen**

- Die Kartoffeln schälen und in gleich große Stücke schneiden. Die Zwiebel schälen und klein schneiden. Den Dill hacken.
- Die Sahne, den Curry und 1 Teelöffel Salz in einen Schmortopf geben. Die Kartoffeln hinzufügen und bei schwacher Hitze zugedeckt 25 Minuten ziehen, dann abkühlen lassen.
- Wenn die Kartoffeln abgekühlt sind, mit der Sahne vermischen. Die Makrelenfilets, die Zwiebel und den Dill hinzufügen. Gut mischen, gegebenenfalls noch etwas Sahne hinzugeben.

# Miesmuscheln mit Curry

**In 5 Minuten vorbereitet**

**15 Minuten Kochzeit**

**Für 2 Personen**

Miesmuscheln
1,5 kg

Schalotten
× 2

Butter
25 g

Crème fraîche
200 ml

Weißwein
15 cl

Currypulver
1 gehäufter Esslöffel

- Die Schalotten schälen und in feine Scheiben schneiden. Mit dem Curry in der Butter anschwitzen. Mit Weißwein ablöschen und fast ganz reduzieren lassen. Die Sahne hinzugeben und 5 Minuten einreduzieren lassen.

- Die gesäuberten Miesmuscheln hinzugeben, zudecken und 5 Minuten unter häufigem Umrühren ziehen lassen. Kochen, bis sich die Muscheln öffnen.

STAUB

# Tikka Masala mit Lachs

Lachsfilets
× 4

griechischer Joghurt
× 2

Tandooripulver
2 gestrichene Esslöffel

Koriander
½ Bund

Zitrone
× ½

**In 5 Minuten vorbereitet**

**6 Minuten Kochzeit**

**Für 6 Personen**

- Den Lachs in gleich große Stücke schneiden und salzen. Den Koriander hacken.
- Den Joghurt mit dem Tandooripulver verrühren, den Lachs hinzugeben und vermischen. In einen Schmortopf geben und bei schwacher Hitze 6 Minuten ziehen lassen. Den Gargrad prüfen und nach Geschmack würzen.
- Mit dem Koriander und den Zitronenvierteln garnieren und mit Basmati-Reis servieren.

# Fischcari

**In 5 Minuten vorbereitet**

**20 Minuten Kochzeit**

**Für 4 Personen**

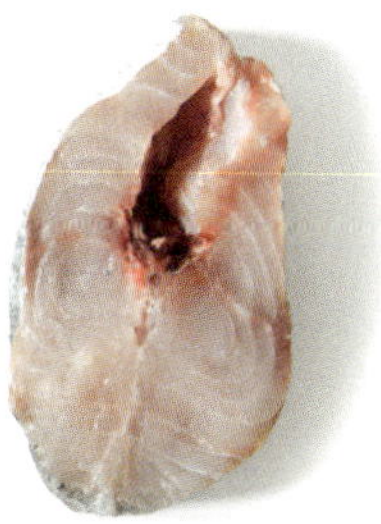

Seelachssteaks
× 4

große Zwiebel
× 1

Tomaten
× 2

Kokosmilch
500 ml

Garam Masala
1 gehäufter Esslöffel

Koriander
½ Bund

- Die Zwiebel schälen und in feine Scheiben schneiden. Die Tomaten in Stücke schneiden.
- Die Zwiebel in einem Schmortopf mit einem Schuss Sonnenblumenöl anschwitzen. Die Tomaten und ½ Teelöffel Salz hinzugeben und zugedeckt 10 Minuten ziehen lassen.
- Die Kokosmilch und das Garam Masala hinzufügen und alles zum Kochen bringen. Den Fisch hinzufügen und ca. 8 Minuten garen. Den Gargrad prüfen und nach Geschmack würzen.
- Von der Herdplatte nehmen, mit Koriander bestreuen.

28

# Fisch-Mafé

In 10 Minuten vorbereitet

30 Minuten Kochzeit

Für 4 Personen

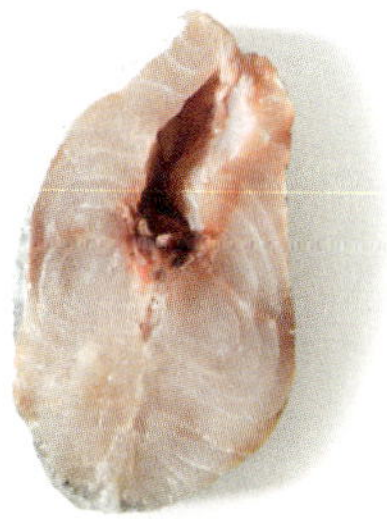

Seelachsfilets
× 4

kleiner Spitzkohl
× 1

große Zwiebeln
× 2

Tomatenpüree
300 g

Erdnussbutter
120 g

grüne Peperoni
× 4

- Die Zwiebeln schneiden. Den Kohl vierteln.
- Die Zwiebeln in 3 Esslöffeln Sonnenblumenöl anschwitzen. Die Tomaten, den Kohl und die ganzen Peperoni hinzugeben. Salzen und zugedeckt 15 Minuten bei schwacher Hitze ziehen lassen.
- Die Erdnussbutter in 500 ml warmem Wasser verrühren. Über den Kohl gießen, mischen. Die Fischsteaks darauflegen, zudecken und weitere 10 Minuten garen.
- Abschmecken und mit Grieß servieren.

STAUB
STAUB

# Rougail mit Tintenfisch

Tintenfisch
× 4

Schalotten
× 3

Tomatenpüree
400 g

Currypulver
1 Esslöffel

Weißwein
150 ml

glatte Petersilie
1 Bund

**In 10 Minuten vorbereitet**

**20 Minuten Kochzeit**

**Für 4 Personen**

- Die Schalotten schälen und in feine Scheiben schneiden. Die Tintenfische in Ringe schneiden. Die Petersilie hacken.
- Die Schalotten in einem Schmortopf mit einem Schuss Sonnenblumenöl anschwitzen. Das Currypulver hinzufügen, mit Weißwein ablöschen und fast ganz reduzieren lassen. Die Tomaten und ½ Teelöffel Salz hinzufügen. 10 Minuten ziehen lassen. Den Tintenfisch hinzugeben und 10 Minuten garen.
- Von der Herdplatte nehmen und mit der gehackten Petersilie bestreuen. Gegebenenfalls mit Cayennepfeffer pikant würzen.

STAUB
STAUB

30

# Wintergemüse

**In 10 Minuten vorbereitet**

**15 Minuten Kochzeit**

**Für 4 Personen**

Hokkaido-Kürbis
400 g

Maronen (TK)
300 g

Korallenlinsen
120 g

Spinat
150 g

Kokosmilch
500 ml

rote Thai-Currypaste
1 Esslöffel

- Den Hokkaido-Kürbis vierteln oder in Würfel schneiden, ohne ihn zu schälen. Die Currypaste in einem Topf mit der Kokosmilch verrühren. 1 Teelöffel Salz, die Maronen, den Hokkaido-Kürbis und die Korallenlinsen hinzugeben. Zudecken und 10 Minuten bei schwacher Hitze ziehen lassen.
- Die Spinatblätter hinzufügen, zudecken und 5 Minuten garen. Vorsichtig mischen, probieren und nach Geschmack würzen. Zur geschmacklichen Abrundung kann 1 Esslöffel Zucker hinzugefügt werden.

# Frühlingsgemüse

**In 10 Minuten vorbereitet**

**10 Minuten Kochzeit**

**Für 4 Personen**

grüner Spargel
1 Bund

kleiner Bund Karotten
mit Kraut × 1

Tiefkühl-Erbsen
200 g

Kokosmilch
500 ml

grüne Thai-Currypaste
1 Esslöffel

Zucker
1 Teelöffel

- Den Spargel vom harten Stiel befreien, die Karotten schälen. Den Spargel in 3 Teile schneiden, die Karotten auf dieselbe Größe schneiden.
- Die Currypaste in einem Topf mit der Kokosmilch verrühren. 1 Teelöffel Salz, den Zucker und die Karotten hinzugeben. Zudecken und 5 -7 Minuten ziehen lassen.
- Den Spargel hinzufügen und 2 Minuten garen. Die Erbsen hinzufügen und 1 Minute garen. Nach Geschmack würzen und eventuell mit den Zesten einer Zitrone auffrischen.

# Chinesisches Gemüse

**In 10 Minuten vorbereitet**

**15 Minuten Kochzeit**

**Für 6 Personen**

getrocknete Morchel
25 g

fester Tofu
400 g

kleiner Chinakohl
× 1

Kokosmilch
500 ml

rote Thai-Currypaste
1 Esslöffel

Zucker
1 Esslöffel

- Die Pilze in einer Schüssel mit kaltem Wasser 30 Minuten einweichen. Die größeren Pilze halbieren. Den Kohl waschen und in gleich große Stücke schneiden. Den Tofu in Würfel schneiden.

- In einem Schmortopf die Currypaste in der Kokosmilch mit dem Zucker und 1 Teelöffel Salz verrühren. Zum Kochen bringen, die Pilze hinzufügen und 2 Minuten garen lassen. Den Kohl hinzufügen und weitere 2 Minuten garen. Den Tofu hinzufügen und 3 Minuten garen. Mit Reis oder Quinoa servieren.

STAUB

# Grünes Curry mit Avocado

**In 10 Minuten vorbereitet**

**10 Minuten Kochzeit**

**Für 4 Personen**

rote Bohnen aus der Dose
800 g

kleine Ananas
× 1

kleine Avocados
× 2

Kokosmilch
500 ml

grüne Thai-Currypaste
1 Esslöffel

Koriander
½ Bund

- Die Ananas schälen und vierteln. Die harte Mitte entfernen, das Fruchtfleisch scheibeln.
- In einem Schmortopf die Currypaste mit der Kokosmilch und 1 Teelöffel Salz verrühren. Aufkochen. Die gespülten und abgegossenen Bohnen hinzufügen. 5 Minuten ziehen lassen, dann die Ananas hinzufügen und 1 Minute ziehen lassen. Probieren und nach Geschmack würzen. Eventuell zuckern.
- Von der Herdplatte nehmen, die in Scheiben geschnittenen Avocados und den gehackten Koriander hinzufügen.

STAUB
STAUB

# Curry mit Süßkartoffeln

**In 10 Minuten vorbereitet**

**30 Minuten Kochzeit**

**Für 4 Personen**

Süßkartoffeln
800 g

Zwiebeln
× 2

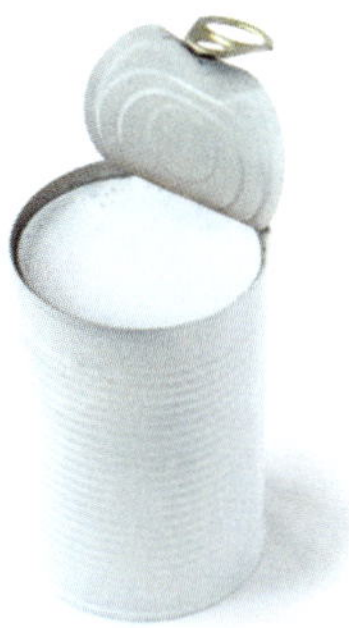

Kokosmilch
300 ml

Garam Masala
2 Esslöffel

Kürbiskerne
30 g

Sonnenblumenöl
4 Esslöffel

○ Die Zwiebeln schälen und in feine Scheiben schneiden. Die Süßkartoffel schälen und in gleich große Stücke schneiden. Die Kürbiskerne in einer Pfanne ohne Öl rösten.

○ Die Zwiebeln und das Garam Masala in Öl anschwitzen. Die Süßkartoffelstücke und 1 Teelöffel Salz hinzufügen. Die Kokosmilch hinzugeben und 25 Minuten garen. Den Gargrad prüfen und nach Geschmack würzen.

○ Von der Herdplatte nehmen und die gerösteten Kürbiskerne dazugeben.

# Eiercurry

Eier
× 4

Tiefkühl-Erbsen
300 g

griechischer Joghurt
× 2

große Zwiebel
× 1

Garam Masala
1 gehäufter Esslöffel

Zucker
½ Teelöffel

**In 5 Minuten vorbereitet**

**12 Minuten Kochzeit**

**Für 4 Personen**

- Die Eier 10 Minuten kochen. Abschrecken und schälen. Die Zwiebel schälen und in feine Scheiben schneiden.
- Die Zwiebel mit dem Garam Masala in einem Schuss Sonnenblumenöl anschwitzen. Den Joghurt, einen halben Teelöffel Salz, den Zucker und 50 ml Wasser hinzufügen. 2 Minuten ziehen lassen.
- Erbsen hinzugeben und 3 Minuten ziehen lassen.
- Die ganzen Eier hinzufügen und 2 Minuten in dem Curry erwärmen, dann halbieren und servieren.

MDUSA

36

# Früchtecurry

In 10 Minuten vorbereitet

15 Minuten Kochzeit

Für 6 Personen

grüne Äpfel
× 2

Rosinen
60 g

große Zwiebel
× 1

Mandelmilch
300 ml

Koriander
½ Bund

Currypulver
1 gehäufter Esslöffel

- Die Zwiebel schälen und in feine Scheiben schneiden. Die Äpfel schälen, halbieren, das Gehäuse entfernen und jede Hälfte vierteln. Den Koriander hacken.
- Die Äpfel in 2 Esslöffeln Sonnenblumenöl goldgelb anbraten. Die Zwiebel und noch 2 Esslöffel Öl dazugeben. 5 Minuten ziehen lassen.
- Den Curry, einen halben Teelöffel Salz, die Mandelmilch und die Rosinen hinzufügen. Zudecken und 8 Minuten ziehen lassen.
- Von der Herdplatte nehmen und mit Koriander bestreuen. Mit Grieß servieren.

# Creme-Curry

**In 10 Minuten vorbereitet**

**15 Minuten Kochzeit**

**Für 4 Personen**

große Karotten
× 3

grüner Apfel
× 1

Kichererbsen aus der Dose
400 g

Mandelmilch
500 ml

Erdnussbutter
80 g

Currypulver
1 gehäufter Esslöffel

- Die Karotten schräg in Scheiben schneiden, die Äpfel vierteln und dann in Stücke schneiden. Die Kichererbsen abgießen und spülen.
- Die Mandelmilch in einem Schmortopf erhitzen, die Erdnussbutter darin verrühren. Den Curry, 1 Teelöffel Salz und die Karotten hinzugeben. Zudecken und 5 Minuten ziehen lassen. Die Apfelstücke hinzufügen und 5 Minuten zugedeckt ziehen lassen. Die Kichererbsen hinzufügen und 3 Minuten garen.
- Das Curry kann mit einer in feine Scheiben geschnittenen Peperoni noch pikanter gemacht werden.

# Indisches Gemüse

**In 15 Minuten vorbereitet**

**20 Minuten Kochzeit**

**Für 6 Personen**

Blumenkohl
400 g

Süßkartoffel
300 g

Tiefkühl-Erbsen
200 g

Zwiebeln
× 2

Kokosmilch
300 ml

Garam Masala
1 gehäufter Esslöffel

- Röschen vom Blumenkohl zupfen, die größeren Stücke halbieren. Die Süßkartoffel schälen und in gleich große Stücke schneiden. Die Zwiebeln schälen und in feine Scheiben schneiden.
- Die Zwiebeln in 3 Esslöffeln Sonnenblumenöl mit dem Garam Masala anschwitzen. 1 Teelöffel Salz und dann den Blumenkohl und die Kokosmilch hinzugeben. 5 Minuten zugedeckt garen.
- Die Süßkartoffel hinzufügen und 10 Minuten garen. Die noch gefrorenen Erbsen dazugeben und 2 Minuten ziehen lassen. Umrühren, probieren und nach Geschmack würzen.

# Curry mit Kichererbsen

**In 10 Minuten vorbereitet**

**15 Minuten Kochzeit**

**Für 4 Personen**

Süßkartoffel
300 g

Kichererbsen aus der Dose 400 g

frischer Spinat
350 g

große Zwiebel
× 1

Kokosmilch
500 ml

Currypulver
2 gestrichene Esslöffel

- Die Zwiebel schälen und in feine Scheiben schneiden. Die Süßkartoffel schälen und in gleich große Stücke schneiden. Die Kichererbsen abgießen und spülen.

- In einem Schmortopf die Kokosmilch mit dem Curry und 1 Teelöffel Salz verrühren. Die Zwiebel und die Süßkartoffel hinzufügen. Zudecken und 8 Minuten ziehen lassen.

- Die Kichererbsen und den Spinat hinzugeben. Zugedeckt 3 Minuten bei mittlerer Hitze weitergaren lassen. Mischen, probieren und abschmecken.

# Dhal

**In 10 Minuten vorbereitet**

**15 Minuten Kochzeit**

**Für 4 Personen**

Korallenlinsen
250 g

Tomaten
× 2

Zwiebel
× 1

Kokosmilch
400 ml

Koriander
½ Bund

Garam Masala
1 gehäufter Esslöffel

- Die Tomaten in 6 Stücke schneiden. Die Zwiebel schälen und klein schneiden.
- Die Zwiebel in 3 Esslöffeln Sonnenblumenöl mit dem Garam Masala anschwitzen. Die Linsen, die Tomaten, die Kokosmilch und 150 ml Wasser hinzugeben. 12 Minuten zugedeckt bei schwacher Hitze ziehen lassen. Ab und zu umrühren.
- 1 Teelöffel Salz hinzugeben, umrühren. Den Gargrad der Linsen prüfen und gegebenenfalls etwas Wasser nachgießen. Von der Herdplatte nehmen und mit dem gehackten Koriander bestreuen.

# Spinatcurry

Spinat
800 g

Tomatenpüree
400 g

Feta
150 g

griechischer Joghurt
× 1

Zwiebel
× 1

Garam Masala
1 gehäufter Esslöffel

**In 5 Minuten vorbereitet**

**15 Minuten Kochzeit**

**Für 6 Personen**

- Die Zwiebel schälen und in feine Scheiben schneiden. In 3 Esslöffeln Sonnenblumenöl mit dem Garam Masala anschwitzen. Die Tomaten hinzufügen und 5 Minuten garen. Die Spinatblätter hinzugeben und weitere 5 Minuten garen. Den Joghurt dazugeben und vermischen.
- Von der Herdplatte nehmen, den zerbröselten Feta hinzufügen. Mischen, probieren und nach Geschmack salzen.

STAUB

# Kartoffelcurry

**In 15 Minuten vorbereitet**

**35 Minuten Kochzeit**

**Für 4 Personen**

Kartoffeln Roseval
1 kg

Zwiebel
× 1

Currypulver
1 Esslöffel

kleine Salzzitronen
× 3

Koriander
½ Bund

Olivenöl
5 Esslöffel

- Die Kartoffeln schälen und in gleich große Stücke schneiden. Die Zwiebel schälen und in feine Scheiben schneiden. Den Koriander hacken. Die Zitronen vierteln.
- Die Zwiebel in dem Öl mit dem Curry anschwitzen. Die Kartoffeln, die Zitronen, einen halben Teelöffel Salz hinzugeben und mit Wasser (ca. 300ml) bedeckt bei kleiner Hitze 30 Minuten zugedeckt köcheln lassen. Den Gargrad prüfen und nach Geschmack würzen.
- Von der Herdplatte nehmen und mit dem gehackten Koriander bestreuen.

# Curry mit Auberginen und Apfel

**In 15 Minuten vorbereitet**

**35 Minuten Kochzeit**

**Für 4 Personen**

große Auberginen
× 2

grüner Apfel
× 1

Ingwer
100 g

Frühlingszwiebeln
× 7

Kurkumapulver
1 Esslöffel

Kokosmilch
400 ml

- Die Auberginen in Würfel schneiden, salzen und 20 Minuten entwässern lassen. Weiß und Grün der Frühlingszwiebeln in feine Scheiben schneiden. Den Ingwer stifteln, den Apfel scheibeln.

- Die Auberginen abtupfen, in 5 Esslöffeln Sonnenblumenöl anbraten.

- Das Weiß der Frühlingszwiebeln mit dem Ingwer und einem Schuss Öl anschwitzen. Die Kokosmilch, die Kurkuma, die Auberginen und den Apfel hinzugeben. Zudecken und 10 Minuten bei schwacher Hitze ziehen lassen. Mit dem Grün der Frühlingszwiebeln bestreuen.

# Curry mit Blumenkohl

Blumenkohl
400 g

Kichererbsen aus der Dose 400 g

Ananas
× ½

Ingwer
80 g

Kokosmilch
500 ml

Kurkumapulver
1 Esslöffel

**In 10 Minuten vorbereitet**

**15 Minuten Kochzeit**

**Für 6 Personen**

- Röschen vom Blumenkohl pflücken, die größeren Stücke halbieren. Die Ananas in Scheiben und den Ingwer in feine Stifte schneiden. Die Kichererbsen abgießen und spülen.

- In einem Schmortopf die Kokosmilch, das Kurkuma und 1 Teelöffel Salz verrühren. Den Blumenkohl und den Ingwer hinzugeben. Zudecken und 10 Minuten ziehen lassen.

- Die Ananas und die Kichererbsen hinzugeben. 5 Minuten ziehen lassen. Probieren und bei Bedarf nachwürzen. Zur Abrundung des Geschmacks eventuell noch zuckern.

# Sommer-Soba

**In 10 Minuten vorbereitet**

**8 Minuten Kochzeit**

**Für 4 Personen**

Soba
400 g

Erdnussbutter
100 g

Kokosmilch
300 ml

rote Thai-Currypaste
1 Esslöffel

Karotten
× 2

Salatmischung
100 g

- Die Karotten schälen und raspeln. In einem Topf 100 ml Wasser mit der Kokosmilch, der Currypaste, der Erdnussbutter und 1 Teelöffel Salz vermischen. Unter Rühren kurz aufkochen und 5 Minuten ziehen lassen.

- Die Soba nach den Anweisungen auf der Packung kochen. Abgießen, unter kaltem Wasser abspülen und erneut abgießen. Die Sauce probieren und nach Geschmack würzen.

- Die Nudeln, die Salatmischung und die geraspelten Karotten auf den Tellern verteilen. Mit Sauce beträufeln und vermischen.

# Nudeln Singapur

**In 5 Minuten vorbereitet**

**6 Minuten Kochzeit**

**Für 4 Personen**

Glasnudeln
200 g

Frühlingszwiebeln
× 5

Knoblauch
× 3 Zehen

Sojasauce
5 Esslöffel

Currypulver
1 Esslöffel

Zucker
1 gestrichener Esslöffel

- Die Glasnudeln 15 Minuten in kaltem Wasser quellen lassen. Abgießen und mit der Schere klein schneiden.
- Die Zwiebeln in feine Scheiben schneiden und das Grün aufbewahren. Die Sojasauce, den Zucker und das Currypulver mischen. Den Knoblauch hacken.
- 5 Esslöffel Sonnenblumenöl in einem Bräter erhitzen. Zwiebeln und Knoblauch 30 Sekunden anschwitzen, dann die Sauce und die Glasnudeln hinzufügen. Vermischen und 5 Minuten ziehen lassen.
- Currypulver, Zucker und Zwiebeln hinzufügen.

# Risotto mit Pilzen

**In 5 Minuten vorbereitet**

**25 Minuten Kochzeit**

**Für 4 Personen**

Risotto-Reis
240 g

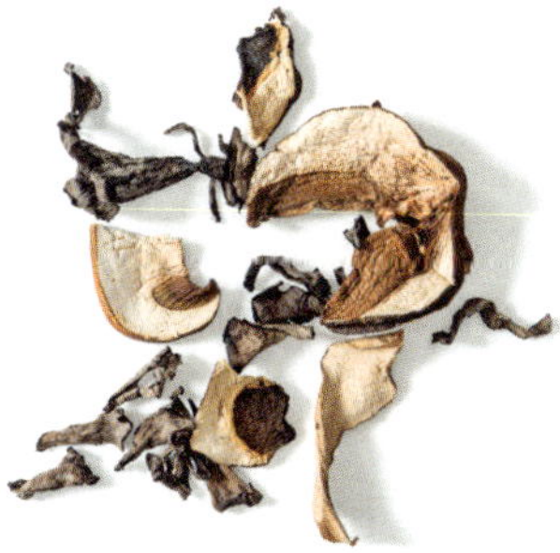

getrocknete Pilze
40 g

kleine Zwiebel
× 1

Currypulver
1 Esslöffel

Mascarpone
2 Esslöffel

Weißwein
150 ml

- Die Pilze 1 Stunde in 1 Liter Wasser quellen lassen. Abgießen, das Wasser auffangen und bei schwacher Hitze erwärmen.
- Die geschnittene Zwiebel in einem Schmortopf in 3 Esslöffeln Öl mit einem halben Teelöffel Salz und dem Curry anschwitzen. Pilze und den Reis hinzugeben, 2 Minuten verrühren.
- Den Wein hinzugeben. Nachdem er verdampft ist, 2 Schöpflöffel von dem aufgefangenen Wasser hinzufügen und umrühren. Dies so lange wiederholen, bis der Reis bissfest ist (ca. 20 Minuten). Mascarpone hinzufügen und vermischen.

STAUB
STAUB

# Indisches Reis-Pilaw

**In 10 Minuten vorbereitet**

**20 Minuten Kochzeit**

**Für 6 Personen**

Basmati-Reis
380 g

Rosinen
100 g

Zwiebel
× 1

Zimt
× 2 Stangen

Kardamom
× 6 Kapseln

Garam Masala
1 gehäufter Esslöffel

- Den Reis in die 1,5-fache Menge Wasser geben. Die Zwiebel schälen und klein schneiden.
- Die Zwiebel in einem Schmortopf in 5 Esslöffeln Sonnenblumenöl anschwitzen. 1 Teelöffel Salz, den Reis, die Gewürze und die zerquetschten Kardamom-kapseln hinzugeben. 2 Minuten ziehen lassen.
- Das Wasser daraufgießen und die Rosinen hinzugeben. Leicht aufkochen lassen, zugedeckt ziehen lassen, bis das Wasser verdampft ist (10 Minuten). Die Hitze zurücknehmen und 5 Minuten garen. Mischen, probieren und würzen.

# Reis mit Linsen

**In 5 Minuten vorbereitet**

**20 Minuten Kochzeit**

**Für 4 Personen**

grüne Linsen
200 g

Basmati-Reis
200 g

große Zwiebeln
× 2

Garam Masala
1 Esslöffel

Koriander
½ Bund

- Die Linsen mit der 2-fachen Menge Wasser in einen Topf geben. Bei geringer Hitze 10 Minuten ziehen lassen. Den Reis und das Garam Masala hinzufügen und in der 1,5-fachen Menge Wasser köcheln lassen. Zudecken und bei schwacher Hitze ziehen lassen, bis das Wasser vollständig aufgenommen wurde.
- Die Zwiebeln schneiden. In 6 Esslöffeln Öl anschwitzen, bis sie Farbe angenommen haben. Mit dem Öl in den Reis geben. Einen Teelöffel Salz hinzugeben, mischen und mit dem gehackten Koriander bestreuen.

# Kokos-Phô

**In 10 Minuten vorbereitet**

**15 Minuten Kochzeit**

**Für 4 Personen**

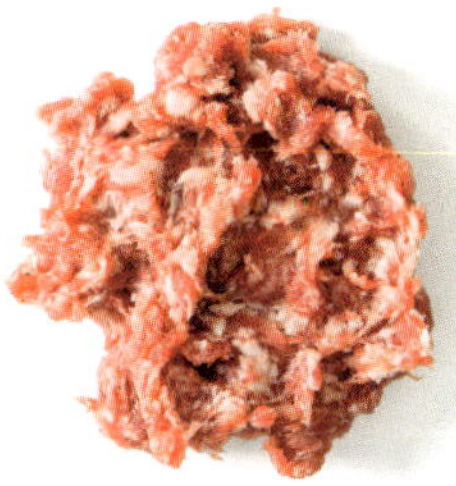

Mett
700 g

Kokosmilch
600 ml

Reisnudeln
600 g

rote Thai-Currypaste
1 Esslöffel

Mungobohnensprossen
100 g

Zucker
1 Esslöffel

- Die Currypaste 2 Minuten in 2 Esslöffel Sonnenblumenöl anbraten. Das Mett und 1 Teelöffel Salz hinzugeben.
- 400 ml Wasser und die Kokosmilch hinzugeben. Bei kleiner Hitze 10 Minuten ziehen lassen. Probieren und nach Geschmack würzen.
- Die Nudeln in kochendem Wasser bissfest kochen. Abgießen. Auf Schüsseln verteilen und mit Suppe abdecken. Mit Mungobohnensprossen und gegebenenfalls Koriander servieren.

# Indische Suppe

In 15 Minuten vorbereitet

20 Minuten Kochzeit

Für 4 Personen

Butternut-Kürbis
150 g

große Kartoffeln
× 2

Stangensellerie
× 4 Stangen

Zwiebel
× 1

Garam Masala
1 Esslöffel

Kokosmilch
400 ml

- Den Kürbis und die geschälten Kartoffeln in kleine Würfel schneiden. Den Sellerie in feine Scheiben schneiden und die Zwiebel klein schneiden.
- 3 Esslöffel Sonnenblumenöl in einem Schmortopf erhitzen. Die Zwiebel mit dem Garam Masala und 1 Teelöffel Salz anschwitzen.
- Die Kartoffeln und 300 ml Wasser hinzugeben. Aufkochen, 5 Minuten ziehen lassen, dann die Kokosmilch hinzugeben. Den Butternut-Kürbis und den Sellerie hinzugeben. 5 Minuten ziehen lassen. Probieren, den Gargrad des Gemüses prüfen und würzen.

STAUB
STAUB

# Thom Kha Gai

In 5 Minuten vorbereitet

20 Minuten Kochzeit

Für 4 Personen

Hühnerbrust
400 g

frische Champignons
400 g

Zitronengras
6 Stangen

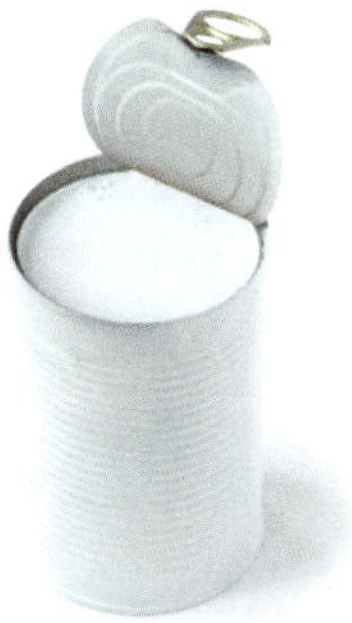

Kokosmilch
500 ml

Koriander
1 Bund

Limette
× 1

- Die Pilze und das Zitronengras waschen und in feine Scheiben schneiden. Das Hähnchen in feine Scheiben schneiden.
- In einem Schmortopf die Kokosmilch mit 100 ml Wasser und dem Zitronengras zum Kochen bringen. 10 Minuten bei schwacher Hitze ziehen lassen. 1 Teelöffel Salz und die Pilze hinzugeben und 4 Minuten garen. Das Hähnchen hinzufügen und weitere 2-3 Minuten garen.
- Von der Herdplatte nehmen, einen Schuss Saft von der Limette und den gezupften Koriander hinzugeben.

# Wintersuppe

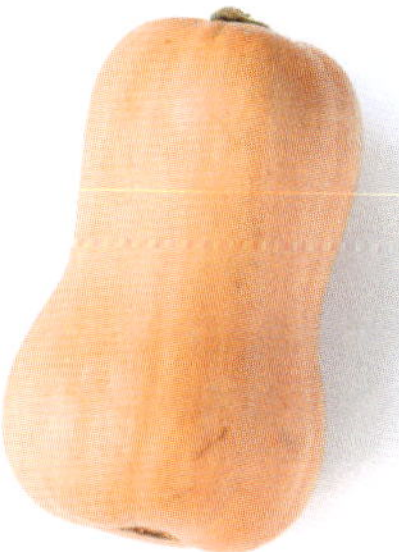

Butternut-Kürbis
500 g

Knollensellerie
500 g

Frühstücksspeck
150 g

große Zwiebel
× 1

Currypulver
1 Esslöffel

Sonnenblumenöl
3 Esslöffel

**In 15 Minuten vorbereitet**

**30 Minuten Kochzeit**

**Für 4 Personen**

- Die Zucchini und die Sellerie schälen und in Würfel schneiden. Die Zwiebel schälen und in feine Scheiben schneiden.
- Den Frühstücksspeck in heißem Öl goldgelb anbraten. Das Gemüse, den Curry und 1 Teelöffel Salz hinzufügen. Zugedeckt für 10 Minuten köcheln lassen.
- Ca. 1,2 l Wasser hinzugeben, aufkochen und bei schwacher Hitze 15 Minuten ziehen lassen. Probieren und nach Geschmack würzen. Die Suppe püriert oder nicht püriert servieren.

# Miesmuschelsuppe

Miesmuscheln (TK)
500 g

Lauch
× 2

Sahne
500 ml

Currypulver
1 Esslöffel

Butter
30 g

**In 5 Minuten vorbereitet**

**20 Minuten Kochzeit**

**Für 4 Personen**

- Den Lauch waschen und in feine Scheiben schneiden. In einem Schmortopf mit der Butter und dem Curry für 10 Minuten zugedeckt anbraten.
- Die Miesmuscheln und die Sahne hinzugeben. Bei geringer Hitze 10 Minuten garen. Pürieren, probieren und nach Geschmack würzen.
- Als Deko können ein paar Lauchscheiben und Miesmuscheln zurückbehalten werden.

# Suppe mit Karotten, Kokos und Ingwer

**In 15 Minuten vorbereitet**

**30 Minuten Kochzeit**

**Für 4 Personen**

Karotten
× 7

große Zwiebeln
× 2

Ingwer
80 g

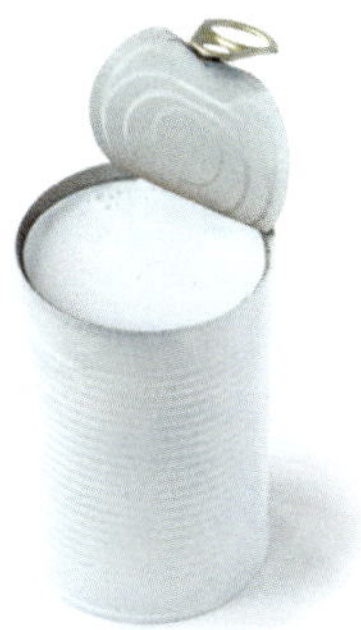

Kokosmilch
700 ml

Kurkumapulver
1 Esslöffel

Koriander
ein paar Zweige

- Die Zwiebeln und den Ingwer schälen und in feine Scheiben schneiden. Die Karotten schälen und in dünne Scheiben schneiden.
- 3 Esslöffel Öl in einem Schmortopf erhitzen. Die Zwiebeln 5 Minuten zugedeckt mit dem Kurkumapulver und 1 Teelöffel Salz anschwitzen.
- Die Karotten hinzufügen und 15 Minuten garen, dabei regelmäßig umrühren. Die Kokosmilch und 200 ml Wasser hinzugeben. Zum Kochen bringen und 5 Minuten garen lassen.
- Pürieren, den Koriander darüberstreuen.

# Katalanische Linsensuppe

grüne Linsen
250 g

Chorizo
150 g

Tomaten
× 4

große Zwiebel
× 1

Currypulver
1 Esslöffel

glatte Petersilie
½ Bund

**In 15 Minuten vorbereitet**

**30 Minuten Kochzeit**

**Für 4 Personen**

- Die Tomaten in Stücke schneiden. Die Zwiebel schälen und in feine Scheiben schneiden. Die Chorizo in Scheiben schneiden.
- 2 Esslöffel Sonnenblumenöl in einem Schmortopf erhitzen und die Chorizo anbraten. Die Zwiebel hinzufügen, anschwitzen und dann die Tomaten, die Linsen und das Currypulver hinzufügen.
- 1,2 l Wasser dazugeben und für 35 Minuten leicht sieden lassen. Von Zeit zu Zeit umrühren und nach Bedarf etwas Wasser hinzufügen. Nach dem Garen salzen und mit gehackter Petersilie bestreuen.

# Schellfischsuppe mit Curry

**In 10 Minuten vorbereitet**

**30 Minuten Kochzeit**

**Für 6 Personen**

Kartoffeln
500 g

Schellfisch
300 g

große Stangen Lauch
× 2

Sahne
300 ml

Currypulver
1 gehäufter Esslöffel

- Den Lauch waschen und in feine Scheiben schneiden. Die Kartoffeln schälen und in gleich große Würfel schneiden. Den Schellfisch waschen, abtupfen und in gleich große Würfel schneiden.
- Den Lauch in einem Schmortopf mit einem Schuss Öl und dem Curry anschwitzen. Die Kartoffeln hinzugeben und aufkochen lassen. Zugedeckt 20 Minuten sieden lassen.
- Die Sahne hineingießen und die Fischwürfel hinzugeben. Weitere 10 Minuten sieden lassen. Probieren und nach Geschmack würzen.

# Pistou

In 10 Minuten vorbereitet

10 Minuten Kochzeit

Für 4 Personen

Karotten
× 2

Zucchini
× 1

weiße Bohnen aus der Dose
400 g

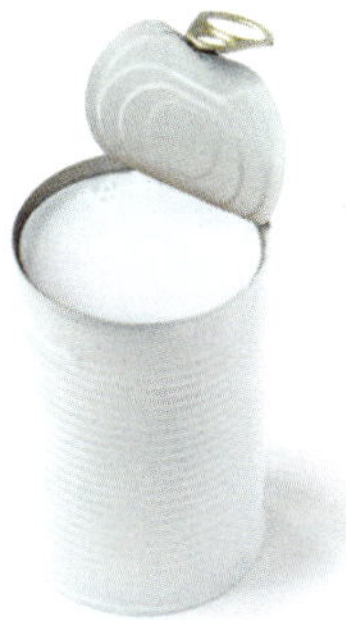

Kokosmilch
500 ml

grüne Thai-Currypaste
1 gestrichener Esslöffel

Gemüsebrühe
½ Würfel

- Die weißen Bohnen spülen und abgießen. Die Karotten schälen. Karotten und die Zucchini in gleich große Würfel schneiden.
- 300 ml Wasser zum Kochen bringen und den Brühwürfel und die Currypaste darin verrühren. Die Karotten hinzufügen und 5 Minuten garen.
- Die Kokosmilch, die Zucchini und die weißen Bohnen hinzufügen. Weitere 5 Minuten garen. Den Gargrad prüfen und nach Geschmack würzen.

# Gebratener Reis

gekochter Thai-Reis
400 g

große Karotte
× 1

Frühlingszwiebeln
× 4

Eier
× 4

Currypulver
1 Esslöffel

Sojasauce
4 Esslöffel

**In 10 Minuten vorbereitet**

**8 Minuten Kochzeit**

**Für 4 Personen**

- Die Karotte schälen und in Würfel schneiden. Das Weiß der Frühlingszwiebeln in feine Scheiben schneiden. Den kalten Reis, das Currypulver und die Sojasauce mischen. Salzen.
- 2 Esslöffel Sonnenblumenöl in einem Bräter erhitzen, die Eier hineinschlagen, salzen, 1 Minute rühren und von der Herdplatte nehmen.
- Die Zwiebel und die Karotte 1 Minute in 4 Esslöffeln Sonnenblumenöl bei großer Hitze anbraten. Den Reis hinzugeben und 5 Minuten anbraten, dann die Eier hinzugeben.

# Spaghetti Carbonara

**In 10 Minuten vorbereitet**

**20 Minuten Kochzeit**

**Für 4 Personen**

Spaghetti
400 g

Frühstücksspeck
400 g

Crème fraîche
500 ml

Currypulver
1½ Esslöffel

Eigelb
× 4

Sonnenblumenöl
1 Esslöffel

- Den Frühstücksspeck in Sonnenblumenöl goldgelb anbraten. Aufbewahren.
- Das Fett aus dem Topf entfernen und die Sahne hineingeben. Das Currypulver hinzufügen und salzen. 5 Minuten bei schwacher Hitze ziehen lassen.
- Die Spaghetti nach den Anweisungen auf der Packung bissfest kochen. Abgießen, mit der Sahne mischen und den Frühstücksspeck hinzufügen. Mischen, probieren und nach Geschmack würzen.
- Auf die Teller verteilen und pro Person ein Eigelb hinzufügen.

STAUB
STAUB

# Schwarzer Reis mit Garnelen

**In 10 Minuten vorbereitet**

**50 Minuten Kochzeit**

**Für 4 Personen**

schwarzer Reis
400 g

Schalotten
× 2

Tiefkühl-Garnelen
300 g

Fischfond
1 l

Currypulver
1 Esslöffel

glatte Petersilie
1 Bund

- Die Garnelen auftauen und schälen. Mit einem halben Teelöffel Salz und dem Currypulver würzen. Kühl aufbewahren. Die Schalotten schälen. Den Fond zum Kochen bringen.
- Die Garnelen in einem Schmortopf in 3 Esslöffeln Sonnenblumenöl 1 Minute anbraten. Dann herausnehmen und die Schalotten anschwitzen.
- Reis und Fischfond hinzufügen, zum Kochen bringen und 40 Minuten zugedeckt garen lassen. Die Garnelen hinzugeben und 5 Minuten garen. Mit der Petersilie garniert servieren.

# Linguini mit Gambas

Linguini
400 g

Frühlingszwiebeln
× 6

Gambas (TK)
400 g

kleine Tomaten
× 2

Sahne
500 ml

Currypulver
1 Esslöffel

**In 5 Minuten vorbereitet**

**20 Minuten Kochzeit**

**Für 4 Personen**

- Die Gambas auftauen und schälen. Den Rücken spalten und den Darm entfernen. Die Frühlingszwiebeln zum späteren Garnieren schneiden. Tomaten stückeln.
- Die Zwiebeln in einem Schuss Sonnenblumenöl anschwitzen. Die Tomaten und das Currypulver hinzufügen. Salzen und 5 Minuten ziehen lassen. Die Sahne hineingießen, die Gambas hinzugeben und 2 bis 3 Minuten garen.
- Die Linguini bissfest kochen. Abgießen. Die Sauce erhitzen und die Linguini hinzufügen. Mischen und die Garnelen noch 2 Minuten garen.

# Salat mit rotem Reis

**In 10 Minuten vorbereitet**

**25 Minuten Kochzeit**

**Für 4 Personen**

roter Reis
250 g

Thunfischfilets in Olivenöl 250 g

Kirschtomaten
200 g

kleine Gurke
× 1

Frühlingszwiebeln
× 4

Currypulver
1 Esslöffel

- Den Reis in kochendes Salzwasser geben und 20-25 Minuten kochen. Nach 15 Minuten auf den Gargrad achten. Die Kochzeit ist davon abhängig, welche Art Reis verwendet wird. Abgießen und abkühlen lassen.
- Weiß und Grün der Frühlingszwiebeln in feine Scheiben schneiden. Die Gurke halbieren und in Scheiben schneiden, die Tomaten halbieren.
- Alle Zutaten mischen, das Thunfischöl und einen halben Teelöffel Salz hinzugeben. Probieren und bei Bedarf nachwürzen. Gegebenenfalls Minze oder gehackte Petersilie hinzugeben.

# Pesto-Curry & Koriander

**In 5 Minuten vorbereitet**

**Ohne Kochen**

**Für 6 Personen**

ganze Mandeln
50 g

Olivenöl
200 ml

Knoblauch
× 2 Zehen

Koriander
1 Bund

Currypulver
1 Esslöffel

Kurkumapulver
1 Teelöffel

○ Die Blätter vom Koriander zupfen, den Knoblauch schälen. Alle Zutaten mit einem Teelöffel Salz mixen.

○ Als Pesto servieren, gemischt mit bissfest gekochten Spaghetti.

65

# Scharfes Bolo

Rinderhack
300 g

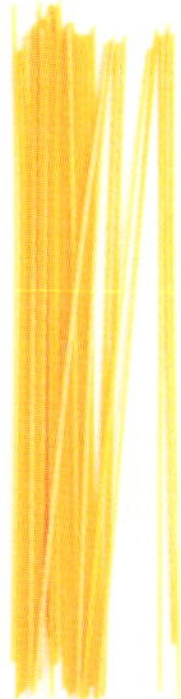

Spaghetti
500 g

Tomatenpüree
400 g

rote Thai-Currypaste
1 gestrichener Esslöffel

Zwiebel
× 1

Karotte
× 1

**In 10 Minuten vorbereitet**

**30 Minuten Kochzeit**

**Für 4 Personen**

- Die Zwiebel schälen und klein schneiden. Die Karotte schälen und würfeln.
- Die Zwiebel und die Karotte in 4 Esslöffeln Sonnenblumenöl anbraten. Das Fleisch und die Currypaste hinzugeben. Gut mischen.
- Das Tomatenpüree und 1 Teelöffel Salz hinzugeben. 20 Minuten bei schwacher Hitze ziehen lassen. Probieren und nach Geschmack würzen.
- Die Spaghetti nach den Anweisungen auf der Packung kochen. Abgießen und unter die Sauce mischen.

# Huevos Rancheros

**In 5 Minuten vorbereitet**

**15 Minuten Kochzeit**

**Für 2 Personen**

rote Bohnen aus der Dose
400 g

Tomatenpüree
400 g

Eier
× 3

Zwiebel
× 1

kleine grüne Paprika
× 1

Currypulver
1 Esslöffel

- Die Zwiebel in Scheiben schneiden. Die Paprika entkernen und in Streifen schneiden. Die Bohnen spülen und abgießen.
- Die Zwiebel in einer großen Pfanne in 3 Esslöffeln Sonnenblumenöl anschwitzen. Curry, 1 Teelöffel Salz, den Zucker, die Tomaten und die Paprika hinzugeben. 5 Minuten ziehen lassen. Die gespülten und abgegossenen Bohnen hinzufügen. 2 Minuten ziehen lassen, umrühren, probieren und gegebenenfalls nachwürzen.
- Die Eier in die Pfanne schlagen, zudecken und weitere 5 Minuten garen.

# Fenchel-Lachs

**In 5 Minuten vorbereitet**

**25 Minuten Kochzeit**

**Für 4 Personen**

Lachsfilets
× 4

Fenchel
× 2

Sahne
250 ml

Currypulver
2 gestrichene Esslöffel

Sonnenblumenöl
2 Esslöffel

- Den Fenchel waschen und in feine Scheiben schneiden. Das Sonnenblumenöl in einem Topf erhitzen und die Fenchelscheiben 10 Minuten anschwitzen. Sahne und Curry hinzugeben, salzen und pfeffern und weitere 5 Minuten garen.

- Den Ofen auf 220 °C vorheizen. Die Lachsfilets salzen und auf den Fenchel legen. Den Topf 6-8 Minuten in den Ofen geben - der Lachs sollte innen noch rosa sein.

# Kalbsschnitzel à la Crème

**In 15 Minuten vorbereitet**

**15 Minuten Kochzeit**

**Für 4 Personen**

Kalbsschnitzel
4 × 150 g

frische Champignons
400 g

Crème fraîche
500 ml

Currypulver
1 gehäufter Esslöffel

frische Tagliatelle
500 g

Sonnenblumenöl
3 Esslöffel

- Die Pilze putzen, die Stiele entfernen und in feine Scheiben schneiden. Die Schnitzel salzen.
- 2 Esslöffel Sonnenblumenöl in einer Pfanne erhitzen und die Schnitzel anbraten. Das Fleisch herausnehmen, die Pilze und gegebenenfalls ein wenig Öl hinzufügen. Wenn die Pilze schön angebraten sind, die Sahne hineingießen, das Currypulver hinzufügen, salzen und 5-8 Minuten bei schwacher Hitze reduzieren lassen.
- Die Tagliatelle nach Anweisungen kochen. Abgießen. Die Schnitzel in die Creme geben, die Nudeln hinzufügen und servieren.

# Was macht man womit?

Die Originalausgabe erschien 2016 unter dem Titel:
*Curry Super Facile*



Produktion der deutschsprachigen Ausgabe:
Tanja Timmerman vertaling & redactie
Übersetzung: Judith Muhr
Satz: Elixyz Desk Top Publishing

Printed in Slovenia

ISBN: 978-94-6359-006-8